Ballenas del mundo

Libro animado para niños

Billy Grinslott & Kinsey Marie Books

ISBN - 9781965098554

Las ballenas de Groenlandia pueden crecer hasta 60 pies de largo y aún así pueden saltar completamente fuera del agua. Las ballenas de Groenlandia pueden estar entre los animales más longevos del planeta. Pueden vivir hasta los 200 años. Las ballenas de Groenlandia tienen la capa de grasa más gruesa de todas las ballenas. Las ballenas de Groenlandia son las únicas ballenas que viven exclusivamente en el Ártico.

Las ballenas piloto son ballenas largas, delgadas y relativamente pequeñas de la familia de los delfines. Las ballenas piloto son muy inteligentes. Muchos acuarios y zoológicos los entrenan para actuar ante los visitantes. Las ballenas piloto son animales muy sociables y permanecen en grupos. Las ballenas piloto recibieron su nombre porque alguna vez se creía que cada grupo observado era guiado por un piloto o líder.

Las ballenas con cabeza de melón dan saltos rápidos y bajos desde el agua mientras nadan. Les gusta descansar por la mañana, socializar por la tarde y alimentarse por la noche. Deben su nombre a sus cabezas pequeñas con melones grandes y frentes llenas de aceite que les permiten ver con ondas sonoras. Estas ballenas son muy sociables, viven en grandes grupos de entre 100 y 1.000.

El narval tiene un largo colmillo en la cara. Su colmillo puede crecer hasta tres metros. Pasan su vida en las frías aguas del Ártico y cambian de color con la edad. Pueden bucear a una profundidad de hasta 4.500 pies. Las ballenas narvales pueden pasar más de tres horas al día bajo el agua, antes de salir a tomar aire. Usan sus colmillos para arponear peces y romper hielo.

Las ballenas francas pigmeas tienen una cabeza pequeña en comparación con el tamaño de su cuerpo. A diferencia de las ballenas francas, las ballenas francas pigmeas tienen cuerpos más elegantes y aerodinámicos que están rematados con una pequeña aleta dorsal en forma de hoz. Esta ballena se puede encontrar viviendo en el Océano Austral y se considera la más pequeña de las ballenas barbadas.

Ballenas francas del norte y del sur. Las ballenas francas crecen hasta 52 pies de largo y pesan hasta 63 toneladas. La ballena franca del Atlántico norte es una de las ballenas más grandes del mundo. Sorprendentemente, porque sólo comen zooplancton como copépodos y larvas de krill. Quedan menos de 360 de estas ballenas en la Tierra.

Las ballenas grises desempeñan un papel importante en el Océano Ártico debido a su estilo único de alimentación en el fondo. Crean gigantescas columnas de lodo que elevan grandes volúmenes de nutrientes al agua que otros peces pueden comer. Las ballenas grises alcanzan entre 40 y 50 pies de largo y pueden pesar hasta 40 toneladas.

Las ballenas de Groenlandia pueden crecer hasta 60 pies de largo y aún así pueden saltar completamente fuera del agua. Las ballenas de Groenlandia pueden estar entre los animales más longevos del planeta. Pueden vivir hasta los 200 años. Las ballenas de Groenlandia tienen la capa de grasa más gruesa de todas las ballenas. Las ballenas de Groenlandia son las únicas ballenas que viven exclusivamente en el Ártico.

Las ballenas de aleta pueden crecer hasta 85 pies de largo y pesar 72 toneladas. Las ballenas de aleta pueden vivir hasta 90 años. Las ballenas de aleta tienen gargantas en forma de acordeón que les ayudan a tragar hasta 4000 libras de comida al día. Las ballenas de aleta son nadadores rápidos y se sabe que levantan la cabeza sobre el agua mientras nadan. Se encuentra en todos los océanos del mundo.

Las ballenas barbadas incluyen doce especies diferentes de mamíferos marinos, incluidas las ballenas jorobadas y grises. Su nombre proviene de las barbas que se utilizan para atrapar alimentos filtrando el agua del océano. Pueden oírse y comunicarse entre sí bajo el agua. Pueden crecer hasta 180 toneladas.

Hay dos especies de ballenas de Bryde. La ballena del Edén es una forma más pequeña que se encuentra en los océanos Índico y Pacífico occidental. La ballena de Bryde lleva el nombre de un noruego llamado Johan Bryde que descubrió la especie. Las ballenas de Bryde pasan la mayor parte del día a 50 pies de la superficie del agua. Normalmente nadan a 4 millas por hora, pero pueden alcanzar velocidades de 15 millas por hora. Pueden sumergirse a profundidades de 1.000 pies.

El cuerpo de las ballenas Balaenoptera es más aerodinámico, el hocico es más puntiagudo o redondeado. Hay ocho especies diferentes de ballenas en este grupo. Crecen hasta una longitud de 100 pies y pesan hasta 200 toneladas. Se encuentran en todos los océanos excepto el Ártico. Generalmente migran estacionalmente entre zonas de alimentación.

La ballena de Omura es la especie de ballena identificada más recientemente. Fueron reconocidos por primera vez en estado salvaje en 2015. Hasta ahora, se han visto en todos los océanos excepto en el Pacífico central y oriental. Las ballenas de Omura se ven frente a Madagascar durante todo el año. La ballena de Omura es una de las ballenas más pequeñas dentro del grupo de las ballenas barbadas y solo crece hasta unos 33 pies de largo.

Reconocida por primera vez en el Golfo de México en 1965. En 2021, la ballena de Rice fue registrada como una nueva especie propia. La ballena de Rice es la única ballena barbada que reside todo el año en el norte del Golfo de México. Con una población estimada de sólo 51 animales, es una de las ballenas barbadas más amenazadas del mundo.

La ballena sei es una de las ballenas más rápidas y alcanza velocidades de hasta 35 millas por hora. Las ballenas Sei habitan en todos los océanos y mares adyacentes, excepto en las regiones tropicales y polares. Las ballenas sei bucean de manera diferente a la mayoría de las ballenas. No arquean la espalda ni muestran sus aletas antes de sumergirse, simplemente se hunden bajo la superficie. La ballena Sei es la tercera ballena más grande.

Las falsas orcas pueden bucear hasta 18 minutos y nadar a altas velocidades para capturar peces a profundidades de 1600 pies. A menudo saltan completamente fuera del agua. En Hawái, también se sabe que arrojan pescado al aire antes de comérselo. Las falsas orcas son miembros de la familia de los delfines. Generalmente viven en aguas profundas, tropicales y subtropicales.

Las ballenas picudas recibieron su nombre porque tienen un hocico largo. Los zifios ostentan el récord de inmersión más profunda y larga de cualquier mamífero. Los zifios son una familia de cetáceos que incluye 21 especies. A pesar de ser la segunda familia más numerosa, son una de las menos conocidas.

Las ballenas mulares son una de las pocas ballenas que tienen hocico. Reciben su nombre porque su hocico se asemeja a una botella. Las ballenas mulares son uno de los mamíferos que bucean más profundamente que se conocen, capaces de bucear a una profundidad de hasta 4700 pies. Prefieren aguas profundas y rara vez se aventuran en áreas que tienen menos de 2500 pies.

Las orcas pigmeas son generalmente menos activas que otras ballenas y con frecuencia se las ve descansando en grupos en la superficie orientados en la misma dirección. Las orcas pigmeas son muy agresivas y no les va bien en cautiverio. La orca pigmea sólo crece hasta 400 libras cuando está completamente madura.

El cachalote enano es una ballena pequeña, de unos 8 pies de largo y alrededor de 600 libras. Los cachalotes enanos son muy similares al cachalote pigmeo. El cachalote enano habita en océanos templados y tropicales de todo el mundo, en particular en plataformas y taludes continentales.

Los cachalotes son los más grandes de todas las ballenas dentadas y pueden crecer hasta una longitud máxima de 52 pies y un peso de 90,000 libras. Los cachalotes tienen el cerebro más grande de cualquier animal vivo, pesando hasta 9 libras. La inmersión más larga registrada para un cachalote duró más de 2 horas.

Las ballenas dentadas son un grupo de ballenas que tienen dientes redondeados, en comparación con las ballenas barbadas que tienen dientes cortos y aplastados. Algunas de las ballenas dentadas son el cachalote, el cachalote enano y pigmeo, la ballena beluga, el narval y los zifios. Hay 77 especies de ballenas dentadas.

Las ballenas minke son las más pequeñas de las grandes ballenas, crecen hasta unos 35 pies de largo y pesan hasta 20,000 libras. Las ballenas minke pueden permanecer sumergidas durante al menos 15 minutos antes de regresar a la superficie para tomar aire. Las ballenas minke viven hasta 50 años. Las ballenas minke son las más comunes de las grandes especies de ballenas y se pueden encontrar en todos los océanos del mundo.

Las ballenas jorobadas crecen hasta 60 pies de largo y pesan 80,000 libras. Las ballenas jorobadas pueden vivir 90 años. Las ballenas jorobadas tienen algunas de las migraciones más largas de todos los mamíferos, y algunas nadan 5.000 millas. Las ballenas jorobadas comen hasta 3000 libras de comida al día. Las ballenas jorobadas crean y cantan canciones que se pueden escuchar hasta a 20 millas de distancia. Las ballenas jorobadas reciben su nombre por la distintiva joroba que tienen en la espalda.

Las orcas, conocidas como orcas, son el miembro más grande de la familia de los delfines. Una orca macho puede medir 32 pies de largo y pesar 22 mil libras, tan grande como un autobús escolar. Las orcas son inteligentes y capaces de coordinar maniobras. Las orcas son nadadores extremadamente rápidos. Las orcas viven en todos los océanos del mundo. Duermen con un ojo abierto y pueden ver cualquier otro pez que se les acerque.

La ballena beluga es fácilmente reconocible gracias a su color blanco intenso y su cabeza globular. Las belugas son animales muy sociables y es posible ver manadas de cientos. Las ballenas beluga son una de las ballenas más ruidosas. Estas ballenas blancas nacen de color gris oscuro. Pueden pasar hasta ocho años antes de que se vuelvan completamente blancas. La beluga puede cambiar la forma de su frente soplando aire alrededor de sus senos nasales.

Las ballenas azules son los animales más grandes que jamás se haya conocido que hayan vivido en la Tierra. Estas impresionantes ballenas gobiernan los océanos con hasta 100 pies de largo y más de 200 toneladas. Las crías de ballena azul son las más grandes de la Tierra. Al nacer pesan alrededor de 8.800 libras y miden 26 pies de largo. Cuando están completamente desarrollados, pueden pesar hasta 30 elefantes.

Datos curiosos sobre las ballenas

Las ballenas azules son los animales más grandes que jamás hayan existido en la Tierra.

Los cachalotes tienen el cerebro más grande de todos los animales de la Tierra.

Las ballenas azules parecen azules debido a los miles de pequeñas algas que tienen en su piel.

Los cachalotes duermen de pie, con la cola colgando hacia abajo.

Las ballenas cantan por diversas razones, entre ellas para comunicarse, encontrar pareja o vigilar a sus crías.

Se sabe que las ballenas cautivas imitan el habla humana.

Los tipos de ballenas son las ballenas barbadas y las ballenas dentadas.

as ballenas respiran aire a través de orificios en la parte superior de sus cabezas.

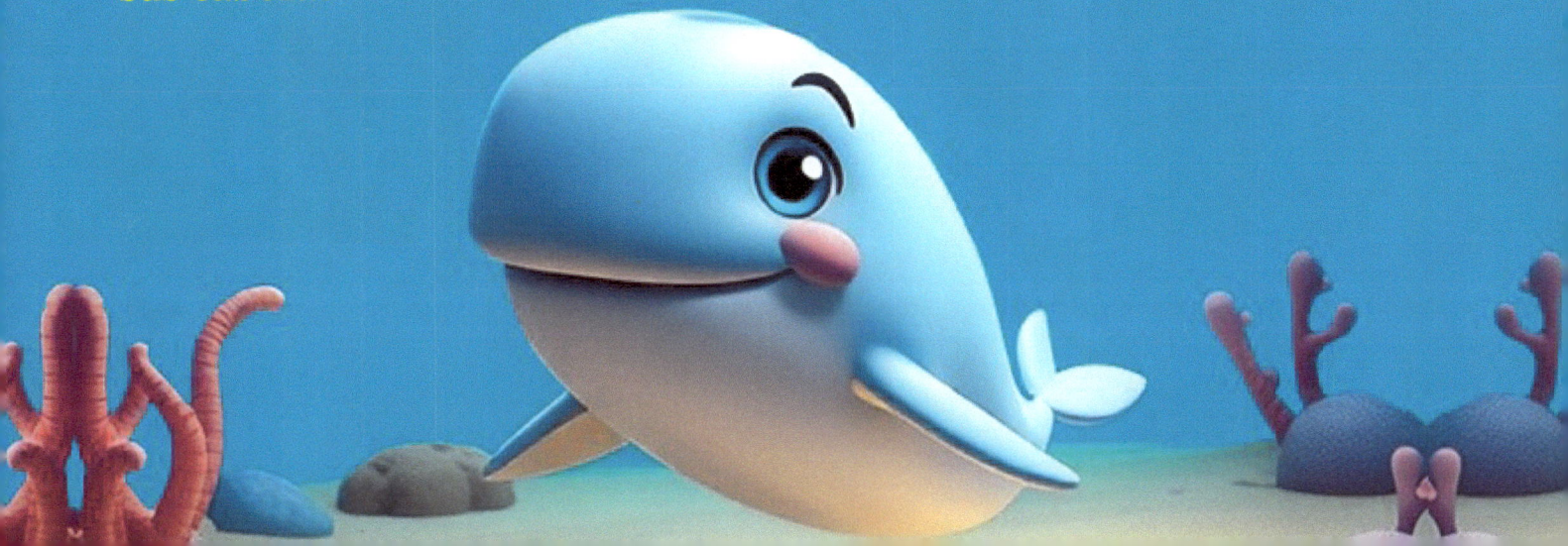

Página de autor

Billy Grinslott & Kinsey Marie Books

ISBN – 9781965098554

Gracias

www.ingramcontent.com/pod-product-compliance
Lightning Source LLC
Chambersburg PA
CBHW060854270326
41934CB00002B/141